Cambridge Plain Texts

GASPARO GOZZI

LA
GAZZETTA VENETA

T0346113

GASPARO GOZZI

LA
GAZZETTA VENETA

CAMBRIDGE
AT THE UNIVERSITY PRESS
1921

CAMBRIDGE UNIVERSITY PRESS
Cambridge, New York, Melbourne, Madrid, Cape Town,
Singapore, São Paulo, Delhi, Mexico City

Cambridge University Press
The Edinburgh Building, Cambridge CB2 8RU, UK

Published in the United States of America by Cambridge University Press, New York

www.cambridge.org
Information on this title: www.cambridge.org/9781107676640

First published 1921
Re-issued 2013

A catalogue record for this publication is available from the British Library

ISBN 978-1-107-67664-0 Paperback

NOTE

GASPARO GOZZI, elder brother of Carlo Gozzi the author of the *Fiabe*, was born in Venice in 1713 and died at Padua in 1786. On February 6, 1760, he began the publication of the *Gazzetta Veneta*, a bi-weekly paper, commercial and literary, whose aim was to furnish news of all that was to sell, to buy or to let; notices of objects lost and found, rates of exchange, prices of commodities and other information; and it was to be written for the delectation as well as for the utility of the Venetian public. Advertisements were to be inserted without charge, but strangely enough the invitation met with a poor response for repeated appeals for advertisements appear in succeeding numbers. Gasparo continued the publication during a period of twelve months, the last issue appearing on January 31, 1761. On February 4 of the same year he published the first number of the *Osservatore*, a Venetian *Spectator*.

Gasparo Gozzi is one of the masters of Italian prose. For lightness of touch, grace and lucidity of style; for genial humour and urbanity he is unsurpassed among the authors of the eighteenth century. Twenty characteristic selections from the *Gazzetta* are here reprinted from Vols. VIII and IX of Gozzi's works published at Padua, 1818–1820.

THOS. OKEY.

May, 1921.

GAZZETTA VENETA

No. I

LETTERA CAPITATA ALLO STAMPATORE

SIGNOR MARCUZZI

Addì 2 di febbraio 1760.

ANIMO, Marcuzzi mio; mano alla vostra impresa: sperate bene. Ho letto l' avviso da voi dato in luce per l' edizione della Gazzetta veneta. Mi piacciono carta e caratteri, oltre alla materia che mi pare dovrà essere gradita dal pubblico. Nell' andare avanti non peggiorate la stampa, perchè tutti i manifesti e gli avvertimenti gli veggo belli e bene stampati; ma le molte promesse che fanno, di rado sono effettuate. Ricordatevi che il servir bene e puntualmente al pubblico, arreca guadagno a casa, e acquista a chi così fa nome di animo onesto e discreto. Certe cosette voglio anche dirvi che, secondo l' opinion mia, miglioreranno il vostro foglio. Per esempio, io vi metterei sopra qualche figuretta allegorica; supponete un orsacchino che si succiasse una zampa, con sottovi qualche detto latino che significasse la natura della Gazzetta vostra, la quale si pasce e nudrisce delle cose sue proprie, e non cerca gli alimenti, cioè le materie da lontano. Oltre a ciò non stamperei le facciate intere per larghezza, con le linee che scorressero da un capo all' altro della pagina, ma le stamperei a due colonne; tenendo in ciò il modo più usitato nelle altre Gazzette, alle quali sono già accostumati gli occhi de' leggitori. Quanto è a me poi, delibererei di darla fuori subito, piuttosto che indugiare a quaresima, massime sapendo che vi sono state mandate certe notizie, le quali fra pochi giorni più non vi servirebbero e andreste a risico di stamparle fuori di tempo; perchè le case oggi vôte, domani si fittano, e chi ha bisogno di una cosa ora, da qui a pochi giorni non l' ha più; ond' empireste poi la carta di novità infruttuose e ne verreste giudicato bugiardo da chi legge, o non diligente da chi ve le diede.

Sarebbe inoltre cosa molto ben fatta, che gli scrittori della Gazzetta vostra la cominciassero con qualche breve prefazione che spiegasse, per così dire, la genealogia delle Gazzette. Oh, le prefazioni si fanno a' libri, dirà alcuno, non ad un foglio: ma in dodici mesi saranno cento e quattro fogli; sicchè in capo all' anno la Gazzetta veneta sarà un grosso volume, da farne anche tre tomi se abbisognasse: sicchè voi vedete che un picciolo proemio non sarebbe slogato. Si potrebbe dire in esso, che la prima Gazzetta pubblicata in Europa, uscì in Venezia nel 1600. Io ho sentito alcuni, i quali si credono che il nome suo derivi da gazza; e perchè quest' uccello parla e le Gazzette chiacchierano d' ogni cosa, par loro di ritrovarvi una certa convenienza di nome; ma sbagliano, essendo essa così stata intitolata, perchè quando venne inventata e pubblicata in Venezia la prima volta, pagavasi una gazzetta, e acquistò il nome della moneta che davasi per pagamento. Usciva allora una volta la settimana, ed era una relazione di tutti i fatti di Europa. Tutte le città più notabili presero subito dopo questo costume. Parlo delle città europee, chè per altro nella China non può andare la memoria tanto indietro, che basti per sapere il tempo in cui vennero questi giornali stabiliti, e ogni giorno vi si stampa la Gazzetta per ordine della Corte.

Teofrasto Renodot fu il primo che desse fuori Gazzette in Francia nel 1631; e oltre a quelle d' Amsterdamo e delle provincie unite, la sola città in Londra ha più di dodici Gazzette. Se volete vedere tutte queste notizie più particolarmente distese, leggete l' articolo *Gazette*, scritto dal signor di Voltaire nell' Enciclopedia stampata a Parigi in foglio nel 1757.

Parla appunto del genere della vostra Gazzetta Michele della Montagna nel suo primo libro de' *Saggi*, cap. xxxiv, ove dice che il padre suo desiderava cosa somigliante ad essa fin dal 1560 in circa; e finalmente nell' articolo citato dell' Enciclopedia vi sono queste parole:

Specie di utilissima Gazzetta nelle città grandi e della quale fu dato il primo esempio in Londra, è quella in cui si dà avviso a' cittadini di quanto si farà nel corso di una settimana per loro interesse e passatempo.

Notanvisi spettacoli, opere nuove di ogni genere, quanto i privati vogliono vendere o comperare, il prezzo delle merci, delle robe da mangiare e in breve tutto quello che può contribuire agli agi della vita. Parigi e molte altre città hanno da poco tempo in qua imitato tale esempio.

Di tali materiali potete dunque valervi per fare il proemio; e ricordatevi di far sì, che il vostro filosofo ed il poeta frammettano tra le notizie qualche galanteria da ricreare, e che l' uno e l' altro alle loro osservazioni si sottoscrivano, il filosofo con un F., il poeta con un P.; e se a voi abbisogna di scrivere qualche cosa, mettetevi sotto un S., cioè stampatore; acciocchè anche in ciò sia appagata la curiosità del pubblico, il quale nella vostra Gazzetta dee sapere il tutto chiara-

mente, e l'oscurità e le maschere non debbono
cominciare da chi la scrive. State sano e fate dar mano
a' torchi con la buona fortuna. Addio, Gazzettiere
novello.

I miei due assistenti approvarono la presente lettera,
e dissero che senza altro stillarsi il cervello per farla
più elegante, può servire di prefazione; e si contentano
di soscriversi con l'F. e col P., ed io queste poche
linee confermo con la mia S. e apro la Gazzetta.

Io udii già in una conversazione una persona di
molto spirito e vivacità, la quale sosteneva assai valida-
mente che il naso, benchè paia un pezzo di carne
attaccata al viso solo per dargli grazia, dà non poco
da fare per essere ben trattato e mantenuto profu-
matamente. La signoria sua ha tante voglie, che
appena tutte gli possono essere cavate. Considera la
varietà de' tabacchi, i quali si fanno venire a posta sua
fin dal Brasile, non che dalla Spagna. E della son-
tuosità de' fazzoletti che si ha a dire? sopra a' quali
si spruzzano le acque lavorate, e queste tengonsi in
vasettini d'oro, d'argento o di altra preziosa materia
con fina maestria composta. A dire poi delle scattole,
nelle quali si chiude il tabacco, non basterebbe questo
foglio. Un certo bell'umore, per dimostrare una
specie di signoria che ha il naso, forse ad imitazione
dell'esercizio militare de' ventagli che leggesi nello
Spettatore inglese, ha descritto l'esercizio militare
delle tabacchiere, e trovasi stampato in un libro
intitolato: *L'art de desoppiler la rate.*

Esercizio militare della tabacchiera.

1. Prendi la tabacchiera colla dritta.
2. Passa la tabacchiera nella sinistra.

3. Batti sulla tabacchiera.

4. Apri la tabacchiera.

5. Presenta la tabacchiera alla compagnia.

6. Ritira a te la tabacchiera.

7. Raduna il tabacco e batti sul cerchio della tabacchiera.

8. Prendi una presa di tabacco con la dritta.

9. Tienlo un poco fra le dita prima di presentarlo al naso.

10. Presenta il tabacco al naso.

11. Annasa giusto con tuttadue le narici.

12. Non far brutto viso.

13. Serra la tabacchiera: starnuta, sputa, soffiati il naso.

Le signore donne, le quali sono un aiuto non picciolo al corso delle mercanzie e del danaro, meritano principalmente che qui si dieno notizie che loro appartengano, e servano ad appagare il buon gusto e la dilicatezza nell' abbigliarsi. Molti uomini rigidi e fatti all' anticaccia biasimano la varietà delle mode e la chiamano capriccio e volubilità; ma la chiamino come vogliono, essa è grandissimo sussidio all' industria umana, la quale affaticandosi nelle invenzioni per servire alle donne, dà di che vivere ad una gran quantità di persone. La necessità non ha saputo mai fare agli uomini trovar tanto, quanto ha saputo far trovare il genio femminile del fornirsi di gentilezze. Lascio stare le innumerabili arti che sono state trovate in servigio di quelle, e gl' infiniti artefici che studiano in migliaia di sottigliezze per appagarle. Ma chi potrebbe dire solamente la varietà delle cordelle, de' veli damascati, de' veli broccati, di seta e filo, o di

seta sola, che a vedergli a lavorare vi vogliono tanti
ordigni e una fabbrica così sottile, che sarebbe stato
gran cosa ad Archimede l'inventarla? Senza le donne,
chi avrebbe immaginato quei merluzzi che chiamansi
biondi e de' quali si fa oggidì un uso universale?
Quanti artefici lavorano in quelle gentilezze che chiamansi con forestiero vocabolo *Agremani*, e galanterie
o grazie si potrebbero dire nel nostro linguaggio? Io
non voglio altro per prova del gran traffico destato
dalle femmine, fuorchè la fiera dell'Ascensione. Tutte
le altre botteghe con difficoltà ritrovano comperatori:
la calca si vede in quella via ove sono i merciai per le
femmine; e quivi si compera e vende dallo spuntare
del dì fino alla buia notte. Nel restante poi dell'anno
tutti gli bottegai sono pronti a servirti e li trovi sfac-
cendati; co' venditori di galanterie devi studiare il
punto per avere udienza e per ordinare il bisogno tuo,
perchè hanno sempre che fare, e sono obbligati a dare
tale o tal manifattura per tale o per tal dì; e appena
trovi un giorno nel lunario per poter avere quanto ti
occorre. In somma io non veggo chi più delle donne
dia altrui guadagno, nè chi più di loro abbia aguzzati
gl'ingegni e resigli inventivi. Se non fosse stata la
gran voglia ch'esse hanno di fogge nuove, gli artefici
avrebbero avuto un bello attendere che i maschi avessero risvegliato così largo traffico: io credo, il cielo me
lo perdoni, che noi altri infingardi saremmo ancora
coperti di pelle di capra e unti di grasso, come gli
Ottentotti. Ma esse hanno voluto uscire della ruggine
e hanno animati noi ancora a dirozzarci. Chi nega ad
esse la lode di questo bel tratto, desidera, senza avvedersene, che muoiano di fame le famiglie intere
delle filatrici, de' tessitori, delle lavoratrici e de' la-

voratori di mode, e delle migliaia d'altri artisti, de' quali non ho qui tempo di fare un inventario, e nelle cui mani, a cagione delle donne, gira il danaro come il sangue per le vene del corpo umano.

No. III

NELLA contrada di san...fecesi a' passati dì un paio di nozze sì sontuose e di sì nuova invenzione, che merita di aver luogo nel presente foglio. Abitava quivi M. R. sartorella di professione, la quale nell'esercizio dell'arte sua essendo molto perita, avea perciò acquistate molte avventore e pratiche ch'erano vestite da lei con ogni qualità di abiti alla francese, alla prussiana e in somma in qualunque modo avessero voluto. La celebrità sua le arrecava per le continue faccende un gran guadagno a casa, tanto che la vicinanza, come si fa, quando ragionava di lei, chiamavala fortunata e dicea ch'ella avea un monte di oro, e che l'era pazza a non cominciar ad investire per apparecchiarsi un ozioso stato al tempo della sua vecchiaia. Un gondoliere non fu sordo alle cose che venivano dette; e forse pensando fra sè, che lo investire si riduce ad una picciola entrata, e ch'egli è meglio godere un tratto del capitale, che stentare a poco a poco col frutto, volle aiutare la povera sartorella col suo consiglio. Ripulitosi dunque e affidatosi ch'egli era uno di codesti gondolieri, de' quali molti si veggono, biondo, biancone, grassotto e tutto festevole, tanto fece co' suoi artifizj e con l'ingegno, che cominciò ad entrare in casa della sartorella; e accortosi che non le riusciva mala cosa, ma che lo vedeva di buon occhio, di dì in dì inoltravasi con le parole, tanto che fra il motteggiare e la serietà si conchiuse fra loro un trattato di matrimonio. In breve venne un rigattiere o stracciaiuolo che, fatto un inventario e la lista de' mobili della sposa, giuntovi non so quali fila di perle e certe dorerie e argenti, si trovò che la somma montava pressochè a duemila ducati. Fecesi la scrittura autentica della dote, e già il gondoliere godevasi a mente i vicini tesori. Per la qual cosa, fatto largo il cuor suo, volle che le nozze fossero belle e grandi; per modo che nell' assegnato giorno furono i novelli sposi accompagnati ad udire la messa del congiunto da otto gondole, e il pranzo si apparecchiò in un casino fornito come un palagetto incantato, e prestato ad instanza della sposa, non so se dal compare o da altri. Tutto fu giubilo in quel giorno e danze e suoni; sicchè ogni cosa augurava contentezza, massime allo sposo che ringraziava tutti delle cerimonie e delle congratulazioni, che avesse con la presenza sua e con l' ingegno saputo acquistarsi duemila ducati e moglie così valente a lavorare. Chiusesi finalmente il giorno dell' allegrezza e due altri ne passarono; e volendo il marito con maggior quiete rivedere le robe della dote, ritrovò gli armadi e le casse sue vôte, e le perle e le dorerie e ogni cosa sparita, e che solo gli restava la moglie con quel poco che avea intorno e una vesticciuola ed un zendale per uscire di casa. Immagini chi legge s' egli montò sulle furie e se volle sapere dove era la roba sua, e se con la carta in mano volea far vedere le sue ragioni. Ma le avrebbe fatte vedere all' aria, perchè tutti quegli abiti erano stati dalla sartorella restituiti alle sue avventore che glieli aveano dati da cucire e ch' ella avea trattenuti, scusandosi con esse, che non avea potuto in quei giorni pel vicino matrimonio terminargli e gli avea intanto fatti scrivere sul contratto per suoi; e così fu dell' oro, dell' argento e delle perle che parte per andare in maschera e parte per comparire onorevole il giorno delle nozze le avea domandate in prestanza, e dopo le avea pontualmente date alle padrone che glie le aveano prestate. Pensi ognuno quale si restasse il novello sposo, a cui però rimane una moglie che sa benissimo lavorare e che ha buona testa.

Rimane una curiosità ad alcuni di saper quello che si facesse la giovane de' danari da lei guadagnati prima delle nozze e per li quali era stimata ricca. Gli aveva dati daddovero a conto di dote a poco a poco a persona che con promessa di sposarla, non effettuata, la ridusse in istato di fabbricarsi una dote nuova con l' ingegno, senza far altri rumori.

No. V

La Compagnia dei Salvadeghi ossia i Rusteghi, commedia in prosa veneziana in tre atti, del signor dottor Carlo Goldoni.

Addì 16 di febbraio si vide per la prima volta questa commedia rappresentata nel teatro di san Luca, e col ripeterne le rappresentazioni chiusero i comici di quella compagnia il carnovale di quest' anno 1760. Dipingesi in essa il costume di alcuni padri di famiglia, sì nemici degli onesti passatempi della società, che sempre ne borbottano, e tengono le mogli e i figliuoli lontani da ogni divertimento. Dalla ruvidezza di tali costumi prende la commedia il titolo. È piena d' industria da capo a fondo, e del genere di quelle costumate e popolari, nelle quali l' Autore fu e sarà sempre degno di ammirazione: non si può dire quanto possa la sua fantasia in siffatti argomenti. Infinite circostanze, tutte a proposito e tutte ritratte dal vero, raccoglie, così reali ed espressive, che pare che vegga con gli occhi e oda con gli orecchi intorno a sè quello che scrive: natura gli parla al cuore quando medita. Allogate sono poi in essa commedia tutte le circostanze con isquisita proporzione, e tutte con l'arte fatte spiccare e messe in movimento, onde puoi dire:

> Così si veggion qui diritte e torte,
> Veloci e tarde, rinnovando vista,
> Le minuzie de' corpi lunghe e corte
> Moversi per lo raggio, onde si lista
> Talvolta l'ombra che per sua difesa
> La gente con ingegno ed arte acquista;

perchè appunto come raggio di sole (mi si permetta questa comparazione poetica, parlando di poesia) penetrato pel fesso della finestra, ove a te par vôto e nulla, ti fa apparire una lunga striscia di minute particelle in perpetuo movimento; così l'ingegno dell'Autore illumina e ti fa vedere mille minute circostanze che tu non avresti immaginate, non che vedute.

Notabile è soprattutto ne' *Rustici* una cosa che a me par nuova e potrebbe forse stabilire una nuova regola nell'arte comica. Tutti que' poeti che hanno fino a qui imitato un carattere, ne vestirono un solo personaggio. Euclione in Plauto ed Arpagone nel Moliere, sono i soli avari nell'Aulularia e nella commedia francese. Da ciò nasce spesso cosa non conveniente; e ciò è, che volendo il poeta in tal caso far vedere più facce e diversi aspetti del carattere imitato, dee quasi di necessità tirare qualche scena co' denti, per mettere il suo personaggio in una novella situazione e toccar,

per così dire, del suo carattere le varie corde. Nella
presente commedia quattro sono caratterizzati *Rustici*,
onde le situazioni nascono e germogliano da sè facilmente; ed un medesimo carattere compartito in
quattro uomini, ha quattro gradi e quattro aspetti
diversi che non violentati si affacciano agli uditori con
varietà più grata. Quattro donne vi hanno parte: tre
mogli e una figliuola da marito, tutte in soggezione;
ma con diverse maniere. Una sola di esse si rende il
giogo leggiero con la destrezza, ma però con riguardo.
Tanto più spicca la ruvidezza degli uomini, quanto più
sono le donne moderate, nè richiedono oltre il dovere.
Vedesti mai scena di artificio che uguagli quella in cui
si trovano a sedere dall' una parte Canziano e il Conte,
e dall' altra Marina e la moglie di Canziano, ordigno
principale di tutta l' azione? In essa col tacere a
tempo or delle due donne, or de' due uomini, e col
dividere il dialogo, puoi dire, col compasso, vengono
informati attori, usciti di nuovo, delle cose passate
nella metà dell' atto primo, senza ripeterlo all' udienza
e si apre la strada all' avanzamento del nodo. Tali
scene non le fanno se non i periti maestri che soli le
possono mettere ad esecuzione, senza imbrogliar sè
nello scrivere e i recitanti nella rappresentazione.

Lo stile è colto e senza espressioni plebee o idiotismi
vili. Sali e parlari urbani frizzano di continuo, e
soprattutto sono festive le ultime scene dell' atto
secondo, ove si conoscono per la prima volta i due
giovani che si debbono sposare. Nota il modo del far
cavare la maschera a poco a poco; come l' Autore va
per gradi, e quante graziose malizie fanno quella scena
brillare; e vedi in qual breve tempo nascono speranza,
tema, diletto, romori, e con quant' arte si rinnova

l' espettazione per l' atto terzo, in cui finalmente cedono i *Rustici* per necessità e sì a stento, che vedi *Rustici* obbligati a cedere dalla circostanza, non da cambiato carattere. Sono stato lunghetto, ora me ne avveggo; ma chi stampasse quanto di bene fu detto dall' universale di questa commedia, sarebbe molto più lungo.

La detta commedia, la sera del lunedì ultimo del carnovale, diede occasione ad un bel tratto. Vi sono in quella due personaggi, marito e moglie, i quali interrompono di quando in quando i ragionamenti loro con certe parole di mezzo che nulla significano, difetto di molti. All' una sempre esce di bocca *figurarse*, e all' altro *vegnimo al merito*. Ragionandosi in una conversazione di tali vizj del parlare, si fece menzione di diversi uomini e donne che con tali superfluità forniscono ogni discorso. Cadde in animo ad un bello spirito di quel circolo d' invitare otto persone la sera a cena fra uomini e donne che avessero questo vezzo, e parte con l' opera sua e parte con quella degli amici gli raccolse e invitò. Quando furono a cena, nel principio fu un bell' udire ogni ragionamento ricamato con queste ripetizioni vôte: *osservela, non so se me spiega, me capissela, la se figura, el fatto è questo, e alle quante la vustu*, e simili altre delizie. Andando avanti, ognuno in suo cuore notava il difetto de' compagni; poi si fece coscienza del suo proprio, tanto che, per vergogna, si parlava poco per non urtare nell' amica parola e stavano mutoli. Ma una signora, stanca forse di tacere o più spiritosa degli altri, balzò in piedi e disse: amici, qui si tace, e io so il perchè: in un momento non possiamo guarire; è meglio che ci

sfoghiamo alla prima e parliamo. Tutti intesero, risero,
si apersero le chiacchiere, e quando le lingue ricade-
vano nelle loro usanze, si faceva festa e romore, onde
la burla servì in fine di spasso.

No. IX

LARGHISSIMO campo è agli scrittori la morale e lo
studio universale degli uomini. Due sono i mondi,
ne' quali possono fare le riflessioni. L' uno è il mondo
vivo, ch' è una continua rappresentazione di fatti che
abbiamo sotto gli occhi; e l' altro è il mondo morto,
le cui azioni si leggono nelle cronache, nelle storie,
nelle lettere, nelle novelle e in altre scritture che ci
serbano le memorie de' tempi passati. Per al presente
io scrivo una novelletta ch' io trassi dal mondo de'
morti, descritta in una cronachetta da un bell' umore
che andava segnando dì per dì le cose che accadevano
a' tempi suoi; e afferma nella prefazione, che a' suoi
figliuoli non avea mai dato altri maestri, ma leggeva
di giorno in giorno que' fogli alla sua famiglia.

NOVELLA AMOROSA.

Bellimbusto, dice dunque la cronaca, è un giovane
d' anni ventidue in circa, che stimasi bell' uomo a
perfezione, bench' egli abbia non so quali difettuzzi
che gli guastano alquanto la proporzione della faccia.
La fronte sua non passa in altezza le due dita, e quelle
ancora sono coperte da una certa peluria che gliele
impaccia; e se la volesse radere, gli lascia un colore
che trae allo sbiadato; di tale ostinata prosunzione,
che vince tutte le diligenze e gli artifizj suoi e quelli
di un parrucchiere che vi perde intorno la pazienza

e l' ingegno. Ha gli occhi piccolini e bigi, l' uno scerpellino, e tuttadue orlati le palpebre quasi d' una cordellina vermiglia. Il naso nella sua origine è schiacciato; ma quando è a mezzo, si prende una subita licenza e con una repentina rivoltura si piega a sinistra alquanto. Il mento suo è lunghetto; sicchè se cominci dal principio della fronte e vai con l' occhio fino alla punta di esso mento, tu trovi che la bocca è situata appunto alla metà della faccia, la quale è tutta forellini, intarlata dal vaiuolo per modo, che in lontananza di mezzo miglio ne acquista una bell' aria. È vero che la carnagione acconcia tali erroruzzi della natura, perchè un bel colore di bossolo sparso per tutto il viso fa una grata armonia con quello de' denti piuttosto grandetti e piantati in due solchi di gengie di ebano, che sono una rarità maravigliosa. Con tutto ciò, come s' egli fosse Ganimede o Adone, va sempre assettato della persona, e tale è la sua delicatura, anzi fastidio del vestire, che gl' ingegni penetrativi gli veggono la mente fuori del corpo ora svolazzare intorno ad un bel paio di manichetti di pizzi finissimi, ora volteggiare intorno ad una parrucca e talvolta sopra un lucido anello, e fino fu veduta errare sopra un paio di fibbie e tanto in esse intrinsecata, che non udiva chi lo chiamava. Quando poi la mente sua ritornava talvolta a segno, ed egli principiava a cianciare, i suoi ragionari non erano altro che vantamenti di favori ricevuti dalle signore; e volea ora con ghigni, ora con attucci ed altri suoi artifizj dare ad intendere ch' egli era caro alle femmine e che a tutte avea ritrovato il cuore di cera molle. Avvenne dunque, che ritrovatosi questo giovane una sera in una compagnia di uomini e di donne, dopo di avere empiuto gli orecchi de' circostanti con tali cicalamenti, senza punto avvedersi che ognuno credeva il contrario di quanto dicea, la compagnia si divise e ognuno andò a' fatti suoi. Passati due giorni, entrò il nostro giovane in una bottega da caffe, ove sendo richiesto da un omicciato che conosciuto quivi non era, gli venne presentata una polizza, il cui tenore si era, che alle ventidue ore di quel giorno si fosse ritrovato ad un assegnato luogo rimoto, ove sarebbe approdata una barca con entrovi una persona, a cui grandemente abbisognava la sua presenza; ed era soscritta la polizza: *sua amica un' Incognita*. Immagini chi legge qual fosse allora la boria di Bellimbusto; ch' io non so perchè il cuore non gli scoppiasse in petto per l' allegrezza. Non si può dire quante volte lesse e rilesse la carta; massime s' egli si accorgeva che alcuno lo stesse spiando, perchè allora più misteriosamente la leggea, per far venir voglia altrui di domandargli che leggesse; e se gli veniva domandato, facea prima alquanto il ritroso, poi finalmente gli dicea in segreto ogni cosa, raccomandandogli caldamente che tacesse; e così fece con più che sedici persone. Mille volte intanto, quando egli ebbe pranzato, trasse fuori l' oriuolo, e altre mille stette in ascolto per udire se gli oriuoli della città scoccavano le ore ventidue che gli pareano pur troppo infingarde. Ma non sì tosto gli parve l' ora a proposito, ch' egli si partì per trovarsi allo stabilito luogo, ove poichè fu giunto, ogni cosa gli parea barchetta che approdasse e *Incognita* che gli venisse incontro. Mentre ch' egli dunque si sta fra tanti pensieri occupato, eccoti la barchetta, e facendogli un barcaiuolo cenno ch' egli entrasse, entra e vede veramente una giovane di suprema bellezza, la quale chiedendogli scusa dell' averlo

sturbato, lo prega che non apra bocca fino a tanto che
non sieno pervenuti ad una certa casa, ov' essa gli
avrebbe le sue intenzioni spiegate; e tanto graziosa-
mente ne lo prega, che non ardisce Bellimbusto di
fiatare, non che altro. Giunsero in questo mezzo ad
una casa, alla quale smontati, venne loro incontro un
galantuomo lieto in viso, a cui la signora rivolta disse:
questi è l' uomo; voi vedete, linea per linea puntualmente: e il dire queste parole e il rientrare essa sola
nella sua barchetta fu un punto solo. Il nostro Adone
smemorato e mezzo balordo, non sapendo che fare,
nè che dire, o in qual mondo si fosse, o a qual fine
dovesse l' accidente riuscire, si rimase un pezzo senza
parlare: pur finalmente rivoltosi al padrone della casa,
gli facea instanza che gli dichiarasse la faccenda.
Quegli, stato alquanto sopra di sè e vergognandosi
forse di dire quello ch' era veramente, in fine, dalle
preghiere stimolato, rispose: voi dovete sapere, signor
mio, ch' io sono pittore e mi sono obbligato alla
signora che avete veduto di fare un quadro con
dentrovi...nel deserto e un diavolo che lo tenti; e non
avendo mai potuto darle nell' umore a dipingere
questo ultimo, sicchè la ne fosse soddisfatta, mi
promise un originale da poterlo imitare. La cronaca
racconta l' ira di Bellimbusto, l' impaccio del pittore,
il ridere che si fece del caso quando fu saputo; ma io
non vado più oltre.

No. XIII

CI sono certuni, i quali debbono credere ch' io sia
una sibilla. Mi vengono con polizze domandate cabale,
spiegazioni d' indovinelli, interpretazioni, scioglimenti

di dubbi: fioccano i biglietti da ogni lato; io gli leggo, e non trovando in essi cose a proposito per questi fogli, non rispondo: privatamente non mi posso scusare del mio silenzio a chi mi scrive, non sapendo chi sia stato: alcuno si sdegna e ritocca con polizze nuove, onde ho sempre addosso una tempesta di carte. Ho pensato di scusarmi con certuni in istampa: ognuno si prenda la scusa che va a lui, perch' io dico ora fra me, qual chi semina il grano: *germoglierà dove cade.*

Alla polizza che mi domanda ch' io giudichi se sieno migliori le fatture forestiere o le nostrali, rispondo che la richiesta è troppo universale e che le fatture sono di sì varj generi, e io ne so tanto di fatture, quanto le fatture sanno di me. E però mi scusi se in cambio di sentenziare gli dirò una novelletta accaduta pochi anni fa in una nobilissima città d' Italia.

Trovavasi in essa città Fefautte, musico di professione, a cui soffiava ne' polmoni un certo venticello di boria che lo rendea in molte cose nuovo e singolare. Pure, perch' egli sapeva l' arte sua assai bene e cantava dolcemente, avea molte persone che per udirlo lo visitavano la sera, onde in casa sua facevasi una garbata conversazione. Accadde che una sera fra le altre venne in quella compagnia condotto un dottissimo uomo, valente in medicina e buon filosofo, il quale per gli arguti suoi detti e per un certo suo vivere naturale e quasi alla carlona, veniva grandemente amato da ogni uomo del suo paese. Era già adunato nella stanza del Fefautte un bel cerchio di persone, quando per avventura cominciò a cadere il ragionamento sopra le fatture nostrali e sopra le forestiere. Il musico che di oltramare venuto era pochi mesi avanti, si diede ad avvilire quelle de' nostri paesi e a

mettere in cielo con le lodi le inglesi, e dicea: io per
me non voglio altro in vita mia, che lavori d' Inghilterra. Cava fuori un' oriuolo, ne mostra uno appiccato
al muro, e dice: questi sono d' Inghilterra; fa vedere
sedie, tavolini, armadi e capo per capo ritocca: questi
sono d' Inghilterra; e in tal guisa empie gli orecchi di
tutti, giurando ad ogni punto, che in vita sua non volea
mai altro che roba d' Inghilterra. Il medico che mai
non avea parlato e a cui forse era venuta anche a noia
quella vocina di zanzara e si sentia rodere, balza in
piedi e dice: ora mi avveggo perchè vostra signoria è
musico; certo ella ha gittata via la tal parte di sè,
perchè non era d' Inghilterra. Così detto, mettesi il
cappello e va ai fatti suoi. Ogni paese ha le sue fatture
particolari che sono le migliori, e la natura è liberale
d' ingegni in ogni paese.

No. XVII

IL signor Domenico Majotto pittore, prodottoci dalla
scuola del già rinomato signor Giambatista Piazzetta,
espose domenica un quadro in piazza di san Marco,
il quale sarà poi allogato sopra un altare nella chiesa
di san Nicolò del Lido. La pittura rappresenta un
miracolo, fatto sopra un infermo e un fanciullo agoniz-
zante, da san Benedetto. Nove figure di grandezza
presso che naturale compongono la storia rappresentata. L' espressioni di tutte sono varie, e guidate
con tanto ingegno e avvedimento, che ognuna concorre a formare nella tela storiata un' anima sola:
squisitissima perfezione delle arti che imitano, quando
tutte le parti diverse riescono ad unità. Veggonvisi
due donne, una che presta aiuto all' infermo, l' altra

che tiene sulle braccia il bambino moribondo: l' una
e l' altra sono in attitudine di dolore e angustiate; ma
la prima ha mescolata doglia e speranza, la seconda è
tutta angoscia. L' infermo devoto e doglioso spera
con movenza che mostra il suo male, e il bambino è
tutto spossato, con le membra cadenti da ogni lato.
Il santo con gli occhi levati al cielo prega e mostra
nell' aspetto misericordia e fiducia, e seco ha due del
suo ordine, l' uno de' quali è in rapimento, l' altro
pieno di compassione accenna con la mano una delle
donne, che speri e attenda. Indietro veggonsi due
sante monache, l' una estatica, l' altra che con un
cuore ardente in mano si sta mirando l' effetto del
pregare del santo. Di sopra apresi la gloria celeste
con un bel gruppo di angioli che la circondano, e dal
cui mezzo si spicca un raggio che di là trascorre a san
Benedetto. Il disegno, per detto degl' intelligenti, è
correttissimo; nel colorire ha ingentilita la maniera
del suo maestro; gli scorci non sono veementi, nè sì
distorti da movere maraviglia come le figure possano
reggersi nell' atto in cui sono; ma tutte le attitudini
sono naturali, benchè abbellite e rese garbate dall' ardi-
mento pittoresco. Ingegnoso è molto quel raggio che
scende dall' alto, da cui viene listato il campo e
illuminato vigorosamente, per fare vistosi e più spic-
cati i vestiti neri de' tre padri e delle due monache;
cosa malagevole ai professori di tal arte. In breve;
per detto comune di chi sa, si attenne il signor Majotto
in tutto ad imitare la natura; ma scelse il meglio e la
bellezza di quella.

La sera della stessa domenica, essendo il tempo
sereno e un bel chiaro di luna, erano, com' è usanza

nelle stagioni migliori, molte brigate di uomini e donne a passeggiare in piazza di san Marco, verso le tre ore della notte. Qual che si fosse la cagione, si appiccò quivi una quistione di parole fra l' oste del Pellegrino ed un' altra persona; e come suole avvenire, riscaldandosi nello svillaneggiarsi e vituperarsi dall' una parte e dall' altra, vennero all' arme. I custodi della piazza, usciti della loro abitazione con certi santi bastoni che usano, si diedero a sedare gli animi de' combattenti con la eloquente persuasiva del menare legnate quanto usciva loro delle braccia, avendo prima per atterrire la calca sparato un archibuso in aria. Appena il tuono dell' archibusata ebbe tocchi gli orecchi delle donne, che sparirono di qua, di là come colombe; onde gli uomini per civiltà e per non lasciarle sole, volarono con esse. In un momento nelle botteghe da caffe si gridò: acqua, acqua, e tutti i bottegai furono in faccende e si videro tazze per tutto, parte per dar da bere e parte per gittare acqua nel viso, mentre che l' oste andava già condotto da' birri in prigione. Finita la zuffa, quelli che aveano più cuore, affacciavano il viso alla bottega e dicevano: non ci è altro; e alcuni sopravvenuti chiedevano: ch' è stato? e già la storia era divenuta più storie, secondo le diverse lingue di chi la narrava. Quando la moglie dell' oste, uscita dell' osteria con animo di donna spartana, andò ad assalire la guardia con le parole e con un romore che quasi pose di nuovo in sospetto e scompiglio le genti. Se non che, veduto quel ch' era, le si fece intorno una numerosa calca, finch' essa sfiatata rientrò nell' osteria; e venne l' ora che ognuno andò a casa a narrare l' avvenimento a suo modo.

No. XXI

La calle del forno a san Polo è quale io la descriverò al presente. Larga, lunga, diritta, con molte casipole di qua e di là, abitate da certe donnicciuole, le quali tutto il verno stannovi dentro intanate, e quando la stagione comincia a migliorare, escono a guisa di lucertole, e portate fuori loro sedie impagliate, mettonle agli usci, e fatta sala della via, una fa calzette co' ferruzzi, un' altra dipana, quale annaspa, qual cuce: in somma tutte fanno il loro mestiere particolare e in ciò sono divise, ma parlano in comune dallo spuntare fino al tramontar del sole; e per giunta al cicaleccio, avvi anche una maestra di scolari, la quale non sapendo in qual altra dottrina ammaestrargli, tirando orecchi, dando ceffate e con le aperte palme cularelli percuotendo, insegna loro a stridere e a gridare quanto esce loro della gola; tanto che talvolta si ode un coro di fanciulli che piangono, di donne che rinfacciano la sua crudeltà alla maestra, e di maestra, la quale fa le sue difese, che nè Sofocle, nè Euripide non inventarono mai in tragedia coro a questo somigliante. Fra i diversi accidenti che nascono continuamente in questa via, avvenne giovedì sera, che due fanciulli, volendo cuocere non so quai cavoli e non avendo legna, accozzati certi pochi carboni e postavi sopra una cesta molto grande, tanto fecero a forza di polmone, che vi accesero il fuoco, il quale dopo di aver penato lunga pezza ad accendersi, si apprese tutto ad un tratto alla cesta ch' era grandissima, e fece un incendio che parea Troia. Il fuoco si appiccò alla filiggine e a certi travicelli del cammino, per modo che questo mandava fuori per la canna fiamma e faville come il Vesuvio, e fece non poca paura a tutti i vicini. Lo schiamazzo delle Amazoni era grande: tutte gridavano che si decapitasse il cammino; ma quella che abitava nella casa ov' era il fuoco, pensando che le dovesse costare a rifarlo, uscita sulla via e postasi appunto di sotto ad esso, con animo di donna spartana gridava a due manovali ch' erano già saliti sui tegoli: non fate, o io non mi partirò di qua, e sul capo e sul corpo mio cascheranno le pietre che voi di colassù gitterete; tanto che i manovali non sapeano che farsi. Se non che, crescendo tuttavia il fuoco e vedendo essi il rischio, cominciarono con certe scuri a picchiare nel cammino; e al primo picchio Pantasilea sbigottita parte dalle pietre che cominciavano a piovere, e parte dalle grida delle vicine, si ritrasse e diede campo che fosse finalmente ammorzato il fuoco. Non si spensero però le ciance, le quali durarono quasi tutta la notte e si rinforzarono la mattina del venerdì, quando verso le quattordici ore si posero, secondo la usanza, tutte le donne a sedere, a lavorare e a narrare la passata paura. La variabile fortuna che scambia a tutte le cose gli aspetti, apparecchiava in quel punto un novello accidente; imperocchè saputosi il caso del fuoco da un certo uomo, il quale, fattosi da sè pubblico predicatore, va qua e colà per le vie parlando di costumi e di coscienza con un certo tuono da quaresima e con certi squarci di morale imparati a memoria, e divisi da lui per esordi e punti a suo modo; saputosi, dico, da costui il caso del fuoco, immaginò di trovare quelle anime tutte atterrite, e che quella fosse opportunità di far del bene tanto a loro, quanto a sè, traendone qualche danaruzzo o coserella pel corpo suo. Per la qual cosa, entrato con viso rigido fra le donne, si arrestò e levati gli occhi, incominciò con una vociaccia di bue ad intuonare che il fuoco del cammino era stato un gastigo del cielo, e che per loro non vi era altra misericordia. Pregaronlo le donne, ch' egli tacesse e se ne andasse a' fatti suoi e che non volesse atterrirle più di quello ch' elle erano, avendo esse oltre a ciò molto che fare e non aver tempo di udire sue ciance. Oh sfacciate, oh sorde! gridò allora l' oratore: ben mi stareste voi ad ascoltare se io fossi un poeta e vi cantassi la storia di Paris e Vienna o altre frascherie di tal qualità; ma voi che siete cuori di fango e impastate di vermini, non amate la chiarezza della luce: a me però tocca di fare l' ufficio mio; e chi non vuole udirmi, non oda. E così detto, ricomincia e tuona di nuovo, stuzzicando il vespaio. Le donne per coprirgli la voce alzano un cicaleccio tutte ad un tratto: egli per affogare tutte le strida rialza tanto, che la via parea un mare in burrasca. Se non che la maestra, venutagli a noia quell' ostinazione, levatasi ad un tratto in piedi e presa la sedia impagliata, sulla quale sedea, si avventò con essa per darla sul collo all' oratore, il quale vedendo quella furia, trattosi di capo un suo cappellaccio con certe alacce aperte che pareano di nibbio e spenzolavano da tutti i lati, glielo diede sulla faccia, tanto che ad un tempo scesero la sedia dall' una parte e il cappello dall' altra. A questo atto levaronsi in piedi tutte le altre, senza però punto impacciarsi nella mischia. Stettero i due combattenti in quella zuffa qualche poco, ma con cautela: la donna, perchè temea di offendere la sua coscienza percuotendo l' oratore; e questi, perchè gli parea pure di uscire del grado suo e di perdere una porzione della sua gravità. E già partivasi borbottando: se non che dipartendosi, fra le parole che andava dicendo, alquante ne lanciò che uscirono fuori del linguaggio conveniente alla sua professione, e mescolava qualche vocabolo che non avea imparato sui libri di morale che avea studiati. Di che adiratasi un' altra della compagnia, mentre ch' egli avea già voltate le spalle e si era alcun poco allontanato, gli lanciò dietro una sedia e lo colse nella schiena. L' oratore voltatosi in furia, volendo pure cavare alcun frutto delle sue parole, côlta la sedia di terra, si diede con essa in mano a trottare per uscir della strada e fare in questo modo la sua vendetta. Quando la vigorosa lanciatrice della sedia, accortasi dell' atto, gli si mosse dietro come uno sparviere e il gridargli: regolatore di coscienze, cane, tu se' ladro; e pigliarlo pel collo con le ugne, fu una cosa sola. Egli si volta per azzuffarsi: la donna picchia; egli si difende e tanto fece, che tutte l' altre si accesero come zolfanelli. Mossesi la squadra ad un tratto, e forse dodici gole si apersero insieme e ventiquattro mani e centoventi ugne furono in aria contro all' oratore, il quale pettinato e concio come può credere ognuno, appena potè scampare da tanta furia e salvarsi.

No. XXIV

Monsieur

IL-Y-A quelque tems que je suis à Venise avec mon petit garçon, ou il me semble, que je resterai autant de tems, qu'il faudra pour lui donner une éducation soigneuse et convenable à sa naissance. Peut-être, que c'est une nouvelle assez indifférente pour vous, Mr.; mais je ne puis m'ampêcher de vous assûrer, que ce petit avec sa vivacité me fait beaucoup espérer. Il fait

beaucoup de progrès en tout pour son âge, et quant
à moi, je cherche tous les moyens de lui faire ap-
prendre. A' présent il est occupé à la langue italienne,
et faute de son mâitre, il trouve beaucoup de difficulté
à bien écrire ce langage. C'est pourquoi je vous prie
très-humblement de vouloir bien m'instruire dans une
de vos gazetes, ou comme il vous plaira, de la manière
la plus facile et la plus sûre d'y reûssir; des règles que
l'on doit observer, et des modèles les plus parfaits,
selon lesquels il faudra qu'il se forme. Voila, Mr., une
carrière assez noble pour vous (si j'ose le dire) de
contribuer quelque chose pour perfectionner un petit
garçon, qui est tout feu, tout esprit, pendant que de
ma part je vous assûre, que je ne manquerai jamais
de vous rendre mille témoignages de l'obligation et
de l'estime, avec lequel je suis[1].

Vostra signoria, chiunque ella siasi, mi onora troppo
grandemente, chiedendomi consigli per far insegnare
a scrivere in lingua italiana a cotesto suo figliuolino;
e benchè io dubiti, mi perdonerà chi scrive che il fatto
sia piuttosto d'invenzione che reale, non tralascerò di
darle risposta, per non peccare di creanza, se la cosa
stesse per avventura altrimenti da quello ch'io sospetto.
In primo luogo rifletterà dunque vostra signoria,
che i linguaggi si apprendono dal popolo e che le
prime parole che noi tutti impariamo in qual si voglia
paese, ci vengono dagli orecchi nella memoria col
mezzo delle balie, delle cameriere, degli staffieri e di
altre genti siffatte; e quelle sono quasi il primo suolo
o fondamento del nostro linguaggio. A poco a poco
ci nasce opportunità di vedere i congiunti e gli amici

[1] Text as in the original.

della famiglia, e di qua si accresce il nostro dizionario nella mente di vocaboli più colti e più gentili. Appresso passiamo alle scuole, e se la fortuna ci mette nelle mani di buoni maestri, di nuovo il vocabolario si aumenta di espressioni scientifiche, tanto che passando, come dire, per tre diverse vie, impariamo a favellare. Se dunque il figliuolo suo fosse nudrito e allevato in Toscana, basterebbe quest' ordine naturale, perch' egli imparasse a parlare, e con un poco di attenzione e soprintendenza di maestri o di amici, a scrivere correttamente. Ma poich' ella ha intenzione di abitare in questo paese, io non potrei altro dirle, se non che nel fargli leggere, ella tenesse quell' ordine che nasce dalla natura del luogo ove s' impara la lingua dalla viva voce, ed è questo:

In iscambio delle balie toscane e degli altri domestici toscani che qui non ci sono, comincerà vostra signoria a dare al suo fanciullino nelle mani alcuni libri scritti con semplicissimo stile; e non rida se io le dico che per questo affare i nostri maggiori stimarono benissimo ad eleggere il Fiore di virtù e la Vita di Giosaffatte, correttissimi libri, e ne' quali si vede un' ingenuità e candore di favella mirabile. Cerchi però di avergli delle buone edizioni, perchè quelli che furono stampati e ristampati più volte, sono così tramutati, che non si possono leggere. Dietro a questi sono di grandissimo uso le commedie antiche, nelle quali non si ritrovano ingegnosi avviluppamenti nel vero, nè quella vivacità di azione che dà tanta dilettazione agli spettatori oggidì; ma nel fatto della lingua sono necessarie: e io le parlo al presente di lingua e non di altro. Appresso a queste che agevoleranno grandemente lo scrivere domestico, ne vengono le poesie facete, delle

quali è abbondantissima la Toscana. Non sono esse
piane piane come la prosa comica, ma hanno alquanto
più di studiato vezzo, oltre a molti frizzi che arric-
chiscono la mente di espressioni allegre e galanti che
danno buon garbo alla scrittura. Le lettere e le novelle
faranno per secondo la vece delle persone più nobili
e del parentado che venisse a casa sua, e parlando
insegnasse naturalmente al figliuol suo vocaboli più
scelti e di miglior grazia. Le lettere hanno espressioni
di cerimonia, di faccende, di descrizioni e, in breve,
di ogni cosa, essendo ogni cosa materia da lettera, e
sono più eleganti delle commedie; perchè la commedia
è imitazione di parlatori all'improvviso, e la lettera è
parlare pensato, come dicono i maestri. Quelle del
Caro e del Bonfadio sono le migliori, benchè anche
in altre raccolte se ne trovino di bellissime; ma questa
sia elezione del giudizioso maestro. I novellieri sono
molti essi pure; ma sopra tutti è da pregiarsi il
Boccaccio, con la debita cautela pel costume. Oggidì
però nel farlo leggere io farei notare la purità, varietà
e proprietà del suo stile; ma l'armonia di quel perio-
deggiare non è più intesa dagli orecchi nostri, divenuti
ritrosi pel continuo stile interrotto, smanioso e a
singhiozzi, che si usa oggidì, per grazia delle tradu-
zioni dal francese (e qui mi scusi vostra signoria, chè
la lingua sua non ne ha colpa, ma l'hanno i nostri
traduttori). Vivacissimo novelliere è dopo di lui
Franco Sacchetti; e se l'accurato maestro saprà far
conoscere al giovine le voci disusate e strane che di
quando in quando in esso s'incontrano, non solo
imparerà a scrivere, ma a dipingere l'anima sua in
carta. Faranno il terzo ufficio delle scuole le opere
filosofiche, le storie e gli oratori, se il figliuol suo

volesse mai darsi a stile più sollevato; e vi aggiunga i nostri migliori poeti epici e lirici, dico i migliori che già sono a ciascheduno notissimi. Non le dirò di più, parendomi di aver anche detto soverchiamente. Solo le prometto che con questo metodo il figliuol suo giungerà a spiegare facilmente tutte quelle idee che ritrarrà la sua mente dal costumare col mondo e da' suoi studj, e si spiegherà con proprietà e colore. Sono suo servo.

No. XXXII

Lunedì in piazza di san Marco vendevansi quelle Parti che la sapienza del Principe ha pubblicate per frenare la ingordigia de' dispensieri del pesce. Correvano qua e colà, come fanno con quelle loro alte e strane voci i venditori de' fogli, fra' quali uno ve ne avea stampatore di professione. Si affacciò a lui per comperarne una un cert' uomo dabbene, il quale ha trovata l' arte di rendersi celebre con la fabbrica degli storti, detti in francese *obblii o dimenticanze*, poichè per la loro sottigliezza e quasi impalpabilità, l' uomo che gli ha in bocca, non si ricorda se gli abbia o non gli abbia, e gl' inghiotte dimenticandosi di mangiarli. Sia come si vuole, il maestro degli storti comperò un foglio dallo stampatore, e posto le mani in tasca per dargli un soldo, scambiò per errore la moneta e gli diede un zecchino. L' altro, vedutosi quello splendore in mano, si stette così un pochetto aspettando di vedere se chi gliene avea dato se ne avvedea; ma vedendo ch' egli se ne andava, fattosi del suo bisogno coscienza e dimenticatosi della mercatanzia che vendea, uscì della piazza e se ne andò più che di trotto a casa sua, dove ritrovata la moglie, le disse: su, vestiti e andiamo a Campalto; e mentre ch'ella si raffazzonò un pochetto, pagate da circa tre o quattro lire a certi suoi creditori che avea in vicinanza, preso un battelletto, ne andò a darsi sollazzo. Intanto il buon uomo che avea dato lo zecchino in iscambio del soldo, avvedutosi dell'errore, ritornò alla piazza volando; ma l'altro avea volato più di lui. Comincia a domandare agli altri compagni venditori delle carte: ognuno si stringe nelle spalle; chi dice, egli era qui adesso; chi, egli era colà: sicchè, vedendo pure ch'egli era sparito, deliberò il buon uomo di andarsene a casa di lui, avendo saputo dov'egli stava. Sollecitò quanto potè il suo cammino, e giunto all'albergo dello stampatore, lo trovò chiuso e chiuse le finestre; sicchè nulla potea sapere: se non che intese da alcune femminette della vicinanza, che mezz'ora prima avea con la moglie fatto vela alla volta di Campalto. In fantasia vide il suo zecchino distrutto e ne pianse fra sè; e forse avrebbe avuto compassione, se lo stampatore avesse impiegato il danaro in cose urgenti; ma veduto che non avea pensato ad altro, che a trangugiarlo, n'ebbe dispetto; e fatto umilmente ricorso a chi dovea, n'ebbe la debita giustizia, e l'altro punizione della sua mala fede e della gola.

Io non saprei veramente qual consiglio dare alla signora che mi scrive la polizza ch'io porrò qui sotto.

Vorrei che il signor Gazzettiere mi dicesse in qual forma debbo aver pace con mio marito. Egli da poco in qua è divenuto fastidiosissimo e non posso aver pace seco. Come mai si può fare a vivere quietamente? Vorrei che m'insegnaste qualche rimedio.

Signora mia, rispondo io, non conosco nè il suo

temperamento, nè quello del marito di lei. Qualche
cosa vorrei dirle per compiacerla e non so che. Ricor-
domi di aver letto una novelletta, non so se sia vecchia
o nuova: ella vedrà se le può giovare.

NOVELLA

Furono già, non è molto tempo, due giovani,
maschio e femmina, i quali si amavano affettuosamente e parea loro di non poter vivere l'uno senza
l'altro. Di che patteggiando onestamente, divennero
marito e moglie. Nei primi giorni ogni cosa fu pace
e amore: ma come si fa, che gli uomini e le donne
tengono sempre nascosta qualche cosellina quando
sono innamorati, che si manifesta poi con la pratica
del matrimonio, il quale fa conoscere le magagne
dall'una parte e dall'altra; avvenne che la donna, la
quale bellissima era, si scoperse di tal condizione, che
di ogni leggiera cosetta borbottava sempre e avea una
lingua serpentina che toccava le midolle. Amavala il
marito con tutto l'animo; ma dal lato suo essendo
piuttosto collerico, ora si divorava dentro e talora gli
uscivano di bocca cose che gli dispiacea di averle
dette. Per liberarsi in parte dell'affanno, incominciò
a darsi al bere, e uscito di casa con le compagnie degli
amici, ne andava qua e colà, e assaggiando varie qualità
di vini, ritornava la sera a casa con due occhiacci, che
parea una civetta e appena potea favellare. Immagini
ognuno la grata accoglienza che gli facea la moglie,
la quale non sì tosto sentiva la chiave voltarsi nella
serratura, che andata in capo della scala col gozzo di
villanie ripieno, apriva la chiavica e lasciava andare
un'ondata d'ingiurie che lo coprivano da capo
a' piedi. Egli mezzo assordato e strano pel vino che

avea in testa, le diceva altrettanto con una favella
mezza mozza e poi si metteva a dormire. Finalmente
andò tanto innanzi la faccenda, che poco si vedeano
più, perchè il marito stava da sè solo anche la notte,
e talvolta anche più non veniva a casa, ma dormiva
alla taverna. La donna disperata di quest'ultima
vendetta, andò ad una buona femmina che facea professione di bacchettona e le chiese consiglio: questa,
per abbreviarla, le diede una cert'ampolla di acqua
limpidissima ch'ella dicea di avere avuta da un pellegrino venuto di oltremare, di grandissima virtù, e le
disse che quando il marito suo venisse a casa, se
n'empiesse incontanente la bocca e si guardasse molto
bene dall'inghiottirla o sputarla fuori, ma la tenesse
ben salda; e tale sperienza facesse più volte, e poi le
rendesse conto della riuscita. La donna, presa l'ampolla e ringraziatala cordialmente, se ne andò a casa
sua, e attendeva il marito per far prova della mirabile
acqua che a lei era stata data. Ed ecco che il marito
picchia, ed ella, empiutasi la bocca, va ad aprire. Sale
il marito, mezzo timoroso dell'usata canzone, e si
maraviglia di trovarla cheta come olio: dice due parole,
ed ella niente: il marito le domanda, ch'è? ed ella
gli fa atti cortesi e buon occhio, e zitto: il marito si
rallegra; ella dice fra sè: ecco l'effetto dell'acqua,
e si consola. La pace fu fatta. Durò l'acqua più dì
e sempre vi fu un'armonia che pareano due colombe:
il marito non usciva più di casa, tutto era consola-
zione. Ma venuta meno l'acqua dell'ampolla, eccoti
di nuovo in campo la zuffa. La donna ricorre alla
bacchettona di nuovo, e quella dice: oimè, rotto è il
vaso dove tenea l'acqua. Che si ha a fare? risponde
l'altra. Tenete, risponde la bacchettona, la bocca

come se voi aveste l'acqua dentro, e vedrete che vi riuscirà a quel medesimo.

Non so se la novella sia al proposito, ma fate sperienza. Ogni sorta di acqua credo che vaglia, e sentite che anche senza acqua si può fare il segreto.

No. XLI

I PITTORI hanno sempre dello strano e del fantastico. Chi nol sapesse quasi per proverbio, legga le vite del Vasari, quelle che scrisse il Ridolfi e altre siffatte che ne sono molte, e vedrà se io dico il vero. Guido Reno, celebratissimo pittore quanto ognun sa, giuocava a carte disperatamente. Pentitosi di ciò, raccolse non so quante migliaia di scudi e volea investirgli in terreni. Un giorno non si potè più ritenere e gl'investì sopra un tavolino alla bassetta, per modo che non gli rimase un quattrino. Non fu mai veduto a ridere tanto saporitamente quanto quel giorno; anzi provava con argomenti che avea fatto benissimo; che difficilmente avrebbe trovato fondi sicuri; che sarebbe stato alle mani con villani; che avrebbe avuto spavento delle gragnuole e di altre calamità. Il Tintoretto usciva di casa con una lunga veste, e quando era piovuto, non curandosi mai di rialzarla, di sotto la orlava di fango quanto potea. La moglie era disperata e gli dicea: vedi qua; prendila così, alzala a questo modo e, massime quando tu sali sui ponti o scendi da quelli, avvertisci a quello che fai: tu vieni sì imbrodolato, che sembri rinvolto nel pantano. Il buon uomo impacciato e voglioso di seguire le ammonizioni della moglie, esce di casa, che il fango era alto un dito;

e salendo i ponti, si tien su di dietro, e quando gli scende, alza i panni dinanzi; onde se mai fu imbrodolato, fu quella volta. Tali sono i pittoreschi cervelli.

E avvenuto a questi dì un caso che sempre più lo manifesta, ed è questo. Un certo legnaiuolo che lavora in casse, avea bisogno di farne dipingere parecchie, onde trovato un dipintore suo amico, lo pregò a fare quell' opera (e avverti, o lettore, ch' io fo qui paragone dei cervelli pittoreschi, non del loro sapere, chè non dicessi: oh, che hanno che fare i pittori nominati di sopra con questo?): il dipintore disse che sì, ma ch' egli avea bisogno di danari e che gliene desse una porzione prima che si mettesse a lavorare: così fu fatto. Ne' primi giorni il lavoro andò innanzi; ma fra poco venne dal dipintore tralasciato, per modo che, non lasciandosi egli più vedere, il legnaiuolo fu obbligato o chiamare un altro di quell' arte, perchè lo guidasse a fine, e così fu. Avvenne per caso, che riscontratosi il legnaiuolo col primo pittore, si querelò seco agramente chè l' avesse piantato in tal forma e si dolse della poco buona fede con cui si era diportato seco. Il pittore, posta la mano nella scarsella, senza punto scusarsi, nè dire parola, gli sborsò i danari che ricevuti avea e gli volse taciturno le spalle. Giunto a casa sua, scrisse una lettera, in cui gli diceva che, essendo egli uomo di sentimento fino e delicato, deliberava di avvisarlo di una cosa francamente, cioè ch' egli avea risoluto di ammazzarlo la prima volta che trovato lo avesse, e che perciò si guardasse bene dall' andare disarmato, perchè in ogni modo egli volea cacciargli lo spirito fuori del corpo. Il legnaiuolo, ricevuta la lettera, e pensando che l' armi sue egli era usato ad adoperarle sull' asse e sui travicelli, ebbe

ricorso alla giustizia e quivi fece palese che la sua sega
e le pialle erano arme disuguali da opporle alle spade
e agli stocchi. Fu ordinato a' birri, che andassero incontanente in traccia dello scrittore della lettera, i
quali ne lo trovarono appunto che con uno spadone
sotto al braccio, coperto dal mantello, usciva di casa
in traccia del suo nemico, e lo condussero per altra
via alla prigione.

No. XLIII

È STATA fatta in campagna un' osservazione intorno
ad un orso, il quale fu veduto sempre a succiarsi la
branca sinistra e non la destra; di che l' osservatore
prese occasione di censurare l' emblema de' presenti
fogli, ove si vede l' orsacchino che si succia la destra
e non la sinistra. Notano i fisici, che natura ha prov-
veduto questo animale di certe specie di poppelline
in tutte le zampe, le quali riempiendosi di un sugo
latticinoso, gli danno di che sostenersi nella vernata,
quando le nevi ed il ghiaccio tengono coperta e rin-
chiusa la terra. Vicendevolmente or l' una ed ora
l' altra gli porgono alimento, come l' una e l' altra
delle poppe della madre o balia nudriscono il bambino;
e siccome alle volte in alcune delle donne avviene che
l' una poppa sia asciutta e l' altra somministri il latte,
forse non altrimenti accade in esso animale, in cui
talora alcune delle poppelline non gli somministrano
umore. Io ne ho veduti il verno succiarsi or l' una or
l' altra delle branche indifferentemente, e alcuno solamente la destra, alcun altro la sinistra, e così de' piedi.
Nel suggerire tale emblema, io non dissi nè destra,

nè sinistra, lasciando ciò al capriccio dell' intagliatore, come si può vedere nel foglio secondo. E perchè sia la cosa più confermata, ecco quel che ne dice il Geoffroy, tomo III, pag. 928. *Hyeme autem turgescentem et lacteo succo plenam reperies partem pedibus subditam, quae quum plurimis constet glandulis tamquam papillis, hyeme suos pedes sugere solet:* e prima, c. 921. *Ursum perhibent, vel quadraginta per dies, pedem dexterum delambendo vivere posse.* E ciò per testimonianza di Plinio e di Eliano, onde tanto della destra, quanto della sinistra branca si può ciò affermare, e anche o dell' uno o dell' altro de' piedi, massime in un emblema.

No. XLIV

MARTEDÌ, verso le tre ore della notte, trovandomi in una certa piazzetta vicina a san Moisè, vidi ad apparecchiarsi al viaggio un dramma per musica. Non crediate che ciò sia un indovinello, no; chè fu veramente un dramma intero che avea a far vela in due barche. Stavano queste legate alla riva, nelle quali aveano ad entrare virtuose e virtuosi di musica, ballerini, suonatori, sarti, casse grandi, cassettine, bauli, valige, bolge, sacca, ceste, canestri, cofani, o se altro inventò mai l' arte per portar roba da un luogo all' altro. Parte di questo bagagliume era già imbarcato e parte stavasi sulla riva o andava sulle spalle o sulle braccia de' portatori che andavano, venivano, toglievano su e mettevano giù con un perpetuo bulicame. A poco a poco ne venivano re e principi e reine e principesse, cori di danzatori e suonatori di tutte le regioni e patrie; sicchè in breve tempo si udirono tanti linguaggi, quanti ne fe' nascere Nembrotto con la sua superbia. E perchè vi fosse argomento di favellare a lungo, avvenne per caso che fossero le due barche sequestrate pel debito non so se di Enea o di Demofoonte, il quale, preveduta la cosa, levatosi la mattina per tempo e preso il suo baule, se n' era andato per altra via ad attendere i suoi compagni sulla scena. Ma non potendosi far vela fino a tanto che non fosse chiarita la giustizia, che nelle barche non vi era roba di lui, non si potea sciogliere le funi e allargare le vele, onde vi fu lungo tempo da poter cianciare. I padroni delle barche e i marinai intuonavano la canzone con le bestemmie, che a cagione di tale impedimento non potevano cogliere la opportunità dell' acqua e del vento; e l' impresario ch' era un fabbro o altro lavoratore siffatto, ne gli pregava a mitigarsi, promettendo che fra poco sarebbero liberati. Sono qua e là sparsi per quella piazzetta alcuni sassi e marmi rozzi, i quali aspettando le mani degli scultori per divenire statue, capitelli, pezzi di colonne o altro, servono intanto di quando in quando di sedili ora ad alcuni gondolieri e talora a chi va a pigliar fresco la notte. Non potendo la compagnia per allora avere sofà o canapè migliori, chi si pose a sedere qua e chi là, parte ad attendere le persone che non erano giunte ancora, e parte a passare il tempo fino a tanto che la fortuna avesse conceduto la libertà di veleggiare. Di qua era la virtuosa figliuola che prendeva un' appassionata licenza dall amante suo e parlavasi all' orecchio, stando però loro a' fianchi la prudente mamma che, gelosa dell' onor suo, non levava mai l' occhio d' addosso ad un pappagallo e ragionava seco, lagnandosi con lui dell' aria notturna che le faceva male. Di là una ballerina cacciava via un musico, il quale si affaticava di parlarle affettuosamente, ma la donzella giurava che non potea sofferire quelle vocine di moscioni, lodando la sua opinione un tenore. Oh, noi avremo una bella voce, diceva un' altra, a star qui alla rugiada che ci cade in capo e all' aria che ci entra pegli orecchi, e ci faremo un bell' onore, apparendo la prima volta sulla scena tutte infreddate che pareremo chiocce; e parlando per natura nel naso e colle parole mezzo strozzate nella gola, cominciava a difendersi col futuro infreddamento. Benedetta la danza, diceva una ballerina, chè un po' di aria non ci azzoppa e possiamo ballare anche mutole. O Adriano, gridò allora uno, prendi il tuo fagotto e mettilo in barea, chè vi ha pisciato su il cane di Sabina, e veggo che i due di Emirena lo fiutano: vedi vedi che uno alza le lacche. A questo detto il virtuoso si mosse e scacciò i cani che già stavano per piovere; ma un ballerino che avea udito a dire, prendi il fagotto, e dare del tu ad un virtuoso, si diede in sul sodo a biasimare cotal dimestichezza, e diceva: io ho udito una voce a dare del tu ad un musico e non so, nè voglio sapere donde sia uscita; ma sì dico io bene, che non è da persona ben creata il parlare in tal forma: finalmente egli si dee notare che i signori virtuosi di musica rappresentano pel maggior corso della vita i personaggi più nobili di tutte le nazioni e di tutti i secoli e che acquistano una certa nobiltà, la quale non si può loro togliere, nè negare che non l' abbiano. Se voi mettete insieme tutte le ore, nelle quali sono stati vestiti da re e da principi, o colle carte di musica in mano, imparando i detti degli eroi e dei personaggi grandi, voi vedrete che il restante della vita si riduce ad un breve e ristretto tempo, e una parte di questo hanno dormito e forse si sono sognati di avere stati, scettro e corone. E ad un' altra cosa si dee anche avere il pensiero, che non poco gli potrebbe danneggiare questo dar loro del tu, perchè si avvilirebbero troppo l' animo; e dovendosi investire gli spiriti di magnanimità e di grandezza, egli è bene l' innalzargli sempre e gonfiargli quanto si può, acciocchè rappresentino degnamente la parte loro. Quanto è a noi altri ballerini, non importa; noi siamo pastori, ortolani, villani, arruotini, mastellai, vendemmiatori, e il mestier nostro si è imitare i cervi e i cavretti a saltare: dateci del tu o del voi, una capriuola non cresce perciò e non scema, ma abbiamo rispetto agli animi de' Catoni e de' Titi. Dietro a queste parole ne venne uno sghignazzamento universale. Facciamo la prova del dramma, disse un suonatore. Riserbiamoci a farla in barca, dove abbiamo detto di farla, rispondeva un altro, chè ne avremo tempo. Intanto approdava qualche gondola con altre virtuose, le quali o che non avessero di più o mandati avessero i capitali più preziosi nelle barche maggiori, ne venivano con un sacconaccio di tela ruvido sulla prora. Mentre che smontavano, gridavano alcuni de' circostanti: adagio, piano, con giudicio a scaricare quelle robe; occhio a quelle porcellane; vedete bene che non pericolassero tra l'onde que' tesori. In fine tutta la compagnia era quivi raccolta; e non sapendosi che altro fare, si cominciò a parlare del distribuire i luoghi nelle barche. Non fu picciola quistione, perchè ognuno avea le sue intenzioni e ognuna le sue, e le società erano già state fatte all' orecchio. Ma l' impresario che avea informazione di ogni cosa e di tutti gl' intrecci dalla prima donna ch' era

sua segretaria e dalla quale non potea dividersi per
avere i suoi consigli continuamente, deliberò che i
ballerini e i suonatori s' imbarcassero nell' una, e i
musici e altre persone che servono al teatro nell' altra
barca, nella quale sarebbe entrato anch' egli; e dicen-
dogli alcuno che non si potea provare il dramma con
gli strumenti in un vascello e co' virtuosi nell' altro,
disse che si sarebbero tragittati al bisogno col battello,
o si avrebbe avuto pazienza. Venne la libertà del
partire; si presero le licenze sulla riva dagli spasimati
di qua, e finalmente il dramma se ne andò a' fatti suoi
spartito nelle due barche.

No. XLVI

I LIBRI ch' escono in paesi, dove i librai non abbiano
gran polso da spendere, fanno un commercio tardo
e per così dire senza vita. Sono di ciò vera prova quelli
che vengono pubblicati in Palermo, dove gli autori
spendono per la stampa e i librai fanno piuttosto
l' ufficio di direttori di quella, che di mercanti.
S' indugia nelle altre città molti anni prima di sapere
qual libro sia colà uscito, onde le ordinazioni riescono
tarde e il giro de' libri è infermo e idropico (siami
lecito di dir così), tanto che appena poche copie in
lungo tempo vanno fra le mani degli uomini. Naturalmente così dee avvenire, quando gli autori spendono
essi. Questi poi che sono stati più anni a comporre
un libro (e pongo che sia buono), hanno sì pieno il
capo delle loro meditazioni, che altro non veggono e
non odono, fuori che l' opera loro. Prendono da ciò
un fallace argomento, cioè che ciascheduno abbia lo

stesso pensiero in ogni parte del mondo, e si lusingano che, uscito il libro, venga ricercato in breve da tutte le città, come cosa utile alla società e desiderato da tutti. E io non nego che, essendo veramente l' opera buona, così non dovesse essere; ma la ricerca universale e presta non deriva dalla bontà dell' opera. Appartiene questa seconda parte a' librai, i quali, se ricchi sono e di polso, hanno infiniti rami di corrispondenze, e partecipano la pubblicazione e con lettere e con manifesti e con indici ne' più lontani paesi a' loro corrispondenti mercatanti, a' dilettanti di libri, e ne fanno fioccare le notizie in ogni luogo e in breve tempo. Gli autori all' incontro hanno poche vie private, ristrettezza di corrispondenze e quelle per lo più con persone che non trafficano in libri; onde o niuno o pochi esemplari ne esitano. Se ne scrivono a qualche libraio, poco giova agli autori, perchè questi per lo più si vogliono rimborsare de' danari che hanno speso e non danno i libri loro a cambio con altri, e i librai non possono sborsare danari a risico di prendere una mercatanzia che stagni ne' magazzini. Movimento e anima di questo traffico sono i cambi, i quali poi dalle ordinazioni e dalle voglie de' privati vengono a poco a poco ridotti a danari; e chi non ha aperte le vie di tali scambiamenti, ha solo un capitale morto di carta stampata. Non so che mi mova a far queste ciance: ora sono fatte. Abbia pazienza chi legge.

No. XLIX

In tutti i tempi e in tutte le nazioni furono sempre certi animi vôlti al mal fare, anzi scellerati, i quali rompendo tutte le leggi della società, si disposero a volere con la forza i danari e la roba altrui; e quantunque vedessero per prova che la fine di siffatti uomini sono state sempre le forche, la scure, le ruote o altro; mossi dalla voglia di avere, o si scordarono di quanto agli altri era avvenuto o ricordandosene andarono alle loro inique imprese per disperati, nulla curandosi del dover essere un giorno o sforacchiati dalle archibusate o dell' avere a mettere il collo in un laccio.

Una brigata di siffatti tristi infesta al presente il territorio di Vicenza e sono per la maggior parte abitatori di Recuaro, ed hanno già fatto diverse ruberie, tanto che alcuni de' loro compagni da molto tempo in qua ne furono incarcerati. Accordaronsi nove di costoro di andare a Villaverla a saccheggiare in casa di una certa femmina, la quale, secondo il parer loro, possedeva molto danaro; e fatto quelle disposizioni che voleano, si stavano attendendo un' ora assegnata per andare a far bottino. Stavansi i birri già da gran tempo in agguato per poter cogliere i malfattori e più volte aveano tentato di struggerli, ma non aveano ancora potuto abbattersi in essi. Quando uno de' rubatori, mosso o dall' animo suo proprio o forse dal desiderio di fare altro guadagno senza mettersi a rischio di venire un dì giustiziato, levatosi via da' compagni suoi, andò incontanente a Vicenza, diede avviso dell' intenzione della brigata e di là subito a' compagni suoi ritornò, colorendo con non so quali ragioni la sua andata e il ritorno. Allestironsi intanto i birri, e chetamente ne andarono il 15 del corrente mese di luglio 1760 a Villaverla, giorno assegnato al saccheggiamento, e quivi nella casa della donna rimpiattatisi, attesero gli assalitori. Ed ecco che alle ore 23 ne venivano appunto a gola aperta i lupi, ingoiandosi a mente le sostanze della femmina; e parendo loro di metter le mani agli armadi e alle casse, si appresentarono alla casa armati. I birri assicuratisi bene, intimarono a' ladroni che mettessero giù le arme e si arrendessero; alle quali parole essi risposero con le archibusate, tanto che dall' una parte e dall' altra s' incominciò a sparare con grandissima furia; ma il vantaggio fu interamente de' birri, de' quali alcuno non vi rimase offeso; all' incontro uno de' ladroni, il quale credesi che fosse il capo della masnada, fu da più colpi trapassato e ucciso, un altro di là a poco si morì, il terzo fu gravemente ferito, due leggiermente e fuggirono, e uno fu preso sano, gli altri tre sparirono. La mattina del dì sedici, videsi a comparire in Vicenza fra una grandissima calca di popolo un carro da' birri attorniato, sopra il quale giacevano i corpi de' due morti ladroni e insieme il moribondo che anch' esso parea come gli altri defunto, e il quarto che sano era rimaso e credesi che sia colui che ne gli avvisò, ne veniva a piedi, condotto da' birri legato. Vennero i due corpi de' morti gittati fra le colonne della piazza; e quegli che appena vivea ed erasi confessato, fu posto insieme col sano in prigione. Da pochi gironi in qua il moribondo comincia a migliorare, per peggiorar poi, come si dice; e attendesi qualche notizia di quelli che sono fuggiti, che vengono tuttavia inseguiti con diligenti inchieste, benchè finora poco si speri di coglierli.

No. LV

Un certo mio umore naturalmente inclinato alle buone arti di ogni genere, e che vuole che io le ami dovunque le trovo e ch' io ammiri chiunque l' esercita, mi mosse a' passati giorni a procurar di vedere il ritratto di un locandiere veneziano, fatto dal signor abate Alessandro Longhi, figliuolo del signor Pietro, rinomato pittore. Ne avea sentito a dire un gran bene da molti; lo vidi e in effetto mi parve un lavoro guidato con tanta capacità e arte, ch' egli vi si vede una perfetta natura, uno squisito gusto e un indefesso studio di pittore. È la figura più che la metà di un uomo, all' originale somigliantissimo e da me non nominato qui, acciocchè ognuno, quando lo vedrà in pubblico, l' indovini da sè non prima avvertito. Trovano i periti di quest' arte, che l' artefice, per istare attaccato alla somiglianza, non ha però lasciato indietro le altre perfezioni che richiede un' imitazione di tal qualità. Sono infiniti gli aspetti e innumerabili le facce, con le quali si presenta la natura a' poeti e a' pittori; chi una e chi un' altra ne coglie, e fra loro è il più fortunato chi con acuto occhio sa cogliere la più bella. Quindi nascono le varie maniere nel dipingere, perchè tutti i pittori sono imitatori di natura, ma ciascuno di essi la vede secondo gli occhi suoi e se ne forma uno special disegno in sua mente e guida le opere sue così attaccato all' idea conceputa da lui particolarmente di natura, che caratterizza quanto fa e quasi con suo conio e impronta propria lo segna; onde nelle opere di.ognuno si conosce anche da' posteri la sua mano che lo distingue da tutti gli altri. Non è però una la bellezza in natura, sicchè varj generi d' imitazioni e tutte belle si danno e ognuna perfetta in sè. Per non andare a lungo e non entrare in dissertazioni che non sono da questo foglio, veggasi la diversità che passa fra il signor Tiepoletto e il signor Pietro Longhi, padre del giovine di cui parlo. Il primo ti presenterà un fatto di arme, un' adunanza di personaggi grandi, uno sbarco: il secondo un' adunanza da ballo, una ventura di amore, una discepola di musica; e non sarà men perfetta questa imitazione della prima, perchè tanto ritrovi in natura la grandezza, quanto la grazia, e chi vede l' una, chi l' altra; ma il pregio sta nel vederla, come il signor Tiepoletto e il signor Longhi, nella sua maggior perfezione. Anche in un ritratto è necessario il concepimento di tal perfezione. Si presenta il locandiere al signor abate Alessandro Longhi, e questi esamina le fattezze di lui, come fa ogni pittore che cerca la somiglianza sola; ma vi aggiunge di suo la movenza del corpo, quelle tinte leggiere e quegl' infiniti tocchi che passano così l' uno in l' altro, quasi invisibili a chi non ha perizia di quell' arte. Asseconda la natura dell' ufficio del suo locandiere e agli ornamenti inventatigli intorno, palesa subito chi sia: lo fa con l' una mano che invita, e con l' altra che tiene un coltello per trinciare un pollo d' India arrosto: lo veste con gentilezza, perchè imita una natura gentile, anche invitante con la pulitezza. Notabili sono cinque colori bianchi da lui adoperati, un vaso da tener calde le vivande, una tovaglia sopra un deschetto, un tovagliuolino in ispalla, la camicia, una berretta, difficilissimi per la uniformità e da lui sì variati, che tutti gli servono a maggiore vistosità della sua pittura senza sforzo veruno, perchè asseconda nel colorito la natura

della materia e delle tele. Aggiungi alla somiglianza
l'anima pittoresca che pare introdotta nella pittura
a darle calore, movimento e quasi vita per tutto il
corpo. In breve, io ritrovo in questo giovine un
egregio ritrattista, e quando avrà aggiunto alla capacità
sua il concetto degli anni, uguaglierà in tutto nel
genere suo la riputazione del padre.

Sarà questo ritratto esposto pubblicamente il giorno
di san Rocco alla scuola del santo, dove per antica e
lodevole usanza suole la gioventù, col mettervi in
pubblico le opere sue, attendere il disappassionato
giudizio di chi vi concorre, per migliorarsi; e i periti
pittori vi espongono i pezzi mastri delle opere loro, per
mantenersi sempre più l'acquistato concetto e per
far fiorire con questo onorato gareggiamento la scuola
veneziana, tanto pregiata per l'invenzione e per la
robustezza delle movenze e del colorito. Non so se
io debba mettere il signor abate Longhi fra i giovani
o vecchi pittori, poichè ha già con altre opere la fama
sua stabilita.

No. LVII

Risposta del Gazzettiere ad una polizza

DUE cose mi domanda vostra signoria: la prima a che
sia utile la poesia nel mondo, e la seconda se diletti
più l'animo una imitazione di cosa dilettevole o di
cosa che faccia terrore. Risponderò secondo la usanza
mia in breve. Per utilità di poesia così in generale,
non so quello ch'ella intenda: ella vuol dire o l'utile
di chi la esercita o l'utile degli ascoltatori. A chi la
esercita è utilissima. Non rida: io so ch'ella dirà,

tutti i poeti essere una generazione di gente che sembrano in disgrazia della fortuna. Certi mantelletti stretti e leggieri, alcune parrucche di un colore acquistato dal tempo e altre masserizie che portano indosso a caso, dimostrano che non sono benestanti; e s' egli si dovesse riguardare le cose mondane, sono le genti più infelici che vivano: ma la vera quiete sta di dentro e non nelle cose estrinseche. Potrà mai affermare vostra signoria, nè altri, che non sia felicità il trovarsi in uno stanzino a tetto, con un migliaio di zanzare attorno, con le invetriate rotte, le mura fesse ed essere traportato dalla fantasia per modo, che paia al poeta di essere in un solitario boschetto di fronzuti alberi, sopra i quali cantino dolcemente i rosignuoli e fra le cui fronde con grato mormorio spirino i zefiretti soavi? Chi potrà dire che un poeta sia povero se, quando vuole, ha il capo in ricchissimi campi, in verdi prati, attorniato dagli armenti, a' quali parla come a cose sue, e gli tosa quando vuole e ne trae lana e fa panni? Gli altri uomini conviene che si contentino di quelle donne che trovano; abbiansi il naso schiacciato, gli occhi scerpellini, i tarli del vaiuolo e un migliaio di difetti, si hanno ad appagare: il poeta se le fa da sè come vuole, bianche, vermiglie, brunette, con occhi celesti come Pallade, neri come Giunone, capelli d' oro, denti di avorio, dita schiette e in somma con tutte quelle perfezioni che può mettervi pittore o scultore. Oh, le sono pazzie! bene sta; ma quali non sono pazzie al mondo? chi non si pasce di fantasie? chi non fa castelli in aria? chi non vive di ombre e di speranze? questa è la utilità particolare del poeta. Quelli che l' ascoltano, veramente non saprei dire qual pro ne ritraggano, se non di passare il tempo; ma ciò

è avvenuto perchè la poesia si è impiegata nel modo
che non si dovea. Questa è nata per dar diletto, e certi
Catoni hanno voluto che la sia nata per arrecare utile;
onde chi l'ha fatta diventare filosofessa, chi teolo-
ghessa, chi maestra di agricoltura; sicchè andò vestita
col mantello, col robone cattedratico o da villana. In
principio del suo nascimento la fu uno sfogo del cuore
allegro, si cominciò a ballare e a cantare per ridere;
e così la dovea rimanere. Io non entrerò ora a dire
di tutti i viaggi che la fece, nè quando cantò gli eroi,
nè quando imitò sulla scena i personaggi grandi o i
minori, chè la cosa sarebbe troppo lunga tanto per
vostra signoria, quanto per me; ma dico solamente,
che se qualche utile ella potesse mai fare agli ascoltanti,
ciò sarebbe sulle piazze pubbliche, entrando negli
orecchi del popolo. Vostra signoria avrà notato più
volte quanti stanno a bocca aperta quando un cerre-
tano spiega un quadro diviso per caselline con certe
figurette o piuttosto imbratti, e presa in mano la
chitarra, al rauco suono di quella con più rauca voce
canta qualche strano innamoramento o caso fantastico.
Ponga dunque e conceda che un giovanotto con bella
e misurata voce e da suono convenevole accompagnato
cantasse una storia bene ordita con scelto stile e con
una buona morale arricchita a tempo, e di quando in
quando con isquisito garbo le sue storie rinnovasse;
non cred' ella, che negli animi delle genti idiote questa
fosse una buona scuola? e non pensa ch' essa ne venisse
grandemente frequentata? In altro modo io non saprei
quale altra utilità si potesse trarre dalla poesia a pro
degli uomini. Tutto ciò sia detto per un via di dire e
non altro.

Rispondo alla seconda richiesta, che più è grata una

imitazione che faccia spavento, di una che dia diletto a vederla. Noi abbiamo in noi medesimi un amore fitto e abbarbicato della nostra persona, che sempre ci fa pensare al caso nostro in ogni occasione. Immagini dunque vostra signoria una pittura, in cui sia rappresentato un ricco uomo, il quale con un benefico viso dispensi molto oro ad alcuni che gli sieno presenti; ovvero una bellissima pastorella che stenda affettuosamente la mano ad un giovanetto pastore: dall' altro lato immagini una statua di Laocoonte avviluppato dai due serpenti usciti del mare. Nel primo caso il piacere che sente chi rimira le rappresentate figure, verrà intorbidato da un segreto e quasi non inteso pensiero di non essere egli il beneficato dall' uomo liberale o dalla graziosa pastorella: e nel secondo caso l' orrore di vedere quell' atto tragico, verrà compensato da un quasi incognito diletto di essere libero da quella disgrazia, e questo è più durevole. Queste poche cose le dico così in fretta in fretta, chiedendole scusa se faccio fine, e pregandola a non domandare che sopra certi argomenti si risponda all' improvviso.

No. LXIII

IERI, verso le ore quattordici, fece il suo solenne ingresso sua eccellenza il signor Tommaso Quirini procuratore di san Marco per merito. Fu, secondo il consueto, ammirata la grande attività de' signori mercatanti della Mercería nel guernire le loro botteghe con rappresentanze di figure, di castella, palagi, boschi, giardini, grotte, monti, fontane, valendosi in ciò ognuno delle merci sue proprie e formando in questo modo una bella varietà. È indicibile il buon gusto di alcuni, i quali sono anche vantaggiati dalla materia. Mirabilmente riescono le telerie, le quali con quella loro leggierezza e candore hanno la più grata vistosità del mondo, e si possono facilmente per la loro pieghevolezza ridurre ad ogni figura. Venne giudicato comunemente bellissimo il ritratto di sua eccellenza, disegnato dal figliuolo del celebrato signor Giambatista Tiepolo, e intagliato con isquisita finezza dal signor Pitteri.

No. LXXIV

La sera del passato venerdì venne per la prima volta recitata nel teatro di san Salvatore una rappresentazione del signor dottor Goldoni, intitolata *Enea nel Lazio*. L' argomento di tal composizione è preso dal terzo libro dei fasti di Ovidio verso la fine. Narra questo autore, che insignoritosi Jarba di Cartagine dopo la morte di Didone, i Tirj si fuggirono dispersi dalla città, e che di là a tre anni la sorella medesima di Didone venne discacciata, la quale dopo varj casi che qui non si debbono per brevità riferire, fu da una burrasca di mare cacciata a Laurento. Quivi fu riconosciuta da Enea e da Acate che camminavano sulla spiaggia: venne da Enea accolta e presentata a Lavinia sua moglie con una fervida raccomandazione. Lavinia ricevendo nel cuor suo la gelosia, medita insidie contro di lei e l' odia a morte. Didone apparisce in sogno alla sorella e l' avvisa del suo pericolo; essa, uscita per una finestra prossima al terreno, di notte fugge e viene da Numico fiume fra le sue acque accettata. Mentre che le genti vanno in traccia di lei, essa a

quelle apparisce e dice sè essere ninfa di quel fiume
e chiamata Anna Perenna. Di qua nacque la origine
di quelle feste che vengono da Ovidio nell' accennato
luogo descritte.

Quantunque io abbia spesso udito a dire che in
Venezia le tragedie non sono accolte volentieri, ho più
volte veduta la prova del contrario, e per isperienza
ho tocco, si può dire, con mano, che il piangere di
compassione e di tenerezza, diletta non meno di ogni
altro affetto destato dalle teatrali rappresentazioni.
È non picciolo danno, che la tragedia, componimento
ripieno di tanta magnificenza e maestà, da' più colti
paesi amata e sì volentieri veduta, sia da noi abban-
donata quasi del tutto, piuttosto per un ribrezzo
de' poeti, i quali si sono stabiliti a credere che la
udienza non la voglia, che perchè la udienza non la
accolga volentieri. Il cuore umano è quel medesimo
in ogni luogo. Questo picciolo preambolo è fatto a
proposito dell' argomento dell' *Enea nel Lazio*, in cui
il poeta, se non avesse avuto il timore da me accennato,
certamente avrebbe ordita una tragedia piena di nobiltà
e di grandezza. A un dipresso questo argomento era
capace di tutte le situazioni della Medea e con minore
atrocità. Anna avea veduta la sorella a morire, il suo
regno devastato; era stata da Jarba scacciata dalla sua
reggia; raminga, perseguitata da' nemici, gittata dal
mare in paese da lei non conosciuto, si abbatte in
Enea, cagione delle sue calamità. Enea, uomo giusto
per sè, era in obbligo, quanto potea, di riparare a' suoi
danni e di farle ricoverare una parte della sua quiete.
La consegna a Lavinia sua moglie, la quale dalle furie
della gelosia combattuta, l' odia, le tende insidie e
contrasta alle buone intenzioni dell' uno e alla quiete

dell' altra. Qual effetto, per esempio, avrebbe fatto l' urna colle ceneri di Didone nelle mani della sorella, chiedente ad Enea qualche asilo nella nuova terra per esse? qual situazione era quella di Enea alla vista di tali ceneri? In iscambio di quelle o di altre somiglianti idee, l' autore, per la temenza accennata di sopra, si diede a fingere una gelosia che non produce aspettazione di cose grandi, e chiude il suo componimento col matrimonio di Anna e di Ascanio. L' apertura però della scena ha non minore magnificenza dell' Ifigenia in Aulide del signor di Racine, per modo che in Enea sembra di vedere Agamennone e Arcadio in Acate.

No. LXXXI

Risposta alla madre che domanda in qual modo debba allevare la sua figliuola

Essendo ufficio delle donne veramente il guidare una parte delle faccende di una famiglia, parerebbe che in altra dottrina non dovessero essere ammaestrate, fuorchè in quella che a tal ministero appartiene. Ma oggidì questa sola disciplina non è bastante: si cambiano di tempo in tempo i costumi degli uomini, come le fogge del vestire si mutano; e siccome una volta le femmine solevano di rado uscire di casa e non vi avea conversazione comune fra uomini e donne, oggidì richiede la usanza, che spesso in compagnia si ritrovino e si facciano altri ragionamenti, che di un bucato, di telerie o di altri affari appartenenti alle masserizie di una famiglia. È dunque di necessità, che le donne ancora acquistino qualche lume di dottrina,

il quale serva a far sì, che trovandosi esse dove si
ragiona di cose intellettive, non paiano cadute dalle
nuvole, non isbadiglino, non sembrino morire di
noia, o non aprano mai bocca, pregando in loro cuore
il cielo, che sia terminato un ragionamento, del quale
non intendono una sillaba, come se si parlasse ne' meno
intelligibili linguaggi che si udissero al tempo della
torre di Nembrotte. Dall' altro lato, ch' esse appren-
dano qualche cosa, è di necessità per gli uomini
medesimi, i quali ritrovandosi fra donne che nulla
sapessero, verrebbero obbligati a tacere, o per civiltà
a ragionare di spille, di forbici e di ventagli, che in
bocca de' maschi non hanno buon garbo, avendoci
natura data una voce grossa e gagliarda, quasi per
segno, che la nostra lingua debba articolare cose di
sostanza maggiore. Dico dunque in breve, che l' odi-
erno costume richiede che le donne sieno allevate
con qualche coltura di lettere; ma vorrei che, come
si dice, s' insegnasse loro fino ad un certo segno e non
con un metodo pedantesco e da scuola.

Avrei caro che qualche giudicioso soprintendente
eleggesse loro buoni libri, e con ordine gli desse a
leggere, e fossero tali, che non per via di regole
mettessero loro in campo la verità, ma la lasciassero
nel cervello e nel cuore, in quel modo che tinge il
sole la faccia e le carni di chi sotto esso cammina. In
tal forma le sarebbero atte a parlare di ogni cosa e ad
intenderla, senza usare vocaboli di arte, che quasi quasi
hanno odore di pedanteria anche ne' maschi. Desi-
dererei che mentre leggono, vi fosse chi facesse loro
osservare le bontà e i difetti del libro che hanno sotto
gli occhi, perchè formassero diritto giudicio delle cose;
la quale assuefazione passa dai libri alle altre occasioni

della vita senza avvedersene, e passerà principalmente, se leggendo storie o ben lavorati romanzi, si ragionerà intorno alle belle azioni e a' buoni costumi de' personaggi rappresentati in quelle scritture, e non solo si loderanno le opere buone, ma si biasimeranno le triste. Questa via potrà molto più giovare de' precetti, perchè i precetti hanno un certo che del superbo, e pare che chi gli fa, voglia comandare, onde difficilmente entrano nel cuore umano, il quale per sua natura odia chi gli comanda; all' incontro il vedere quello che altri operò, è una specie di esempio che a poco a poco, senza pensare che sia per te, nell' animo entra, vi fa radici e germoglia. Non è poi possibile che col continuare il leggere non acquistino anche una certa attività di concatenare i pensieri, e di esprimersi con facilità e leggiadria, tanto parlando, quanto scrivendo, e di lasciare indietro certi vocaboli bassi e plebei che hanno un pessimo suono nelle civili conversazioni, nelle quali dee solo regnare gentilezza e coltura. In somma, secondo il parer mio, dicovi essere di necessità che una giovane sia allevata con qualche tintura anche di lettere, le quali bene insegnate indirizzano il cervello e il cuore; e il cervello e il cuore delle donne non merita d' essere all' ignoranza e alle sole minuzie abbandonato.

No. XCIX

LA favola delle tre melarance, commedia a soggetto, fu rappresentata la prima volta domenica di sera nel teatro di san Samuele. Io avea fatto proposito di non parlare di commedie fatte all' improvviso, e durerei nel parer mio, se questa non fosse di un genere particolare e della condizione di quelle che anticamente si chiamavano allegoriche. L'argomento di essa è tratto dallo *Cunto delli Cunti*, capriccioso e raro libro scritto in lingua napoletana, che contiene tutte le fiabe narrate dalle vecchierelle ai fanciulli. La favola in essa commedia trattata, è sopra tutte le altre notissima: chi compose la commedia non si sa, ma viene attribuita a diversi autori. Siasi chiunque si voglia il tessitor di essa, egli ha avuta l'intenzione di coprire sotto il velo allegorico certi doppj sentimenti e significati che hanno una spiegazione diversa dalle cose che vi sono espresse. Avrei troppo che fare se io volessi sviluppare ogni minima parte da quel velame che la ricopre; ma solo alcune poche cose dirò, acciocche queste poche aprano la via all'udienza di poterne esaminare più altre da sè medesima, quando sarà assicurata che da capo a fondo quelle novelluzze e bagattelle rinchiudono non picciola dottrina. Que' re di coppe, que' maghi, quegli scompigli, quelle malinconie, quelle allegrezze dinotano le vicende del giuoco, e l'incantesimo or buono, ora contrario della fortuna in esso. Andando a passo a passo per questo cammino, vi si troveranno molte interpretazioni. Io mi arresterò solo a spiegare con brevità due cose: la prima è quella dello spirito che soffia dietro col mantice a Truffaldino e a Tartaglia, i quali vanno all'impresa delle tre melarance, e fa che questi attori nell'intervallo di un atto corrano millecinquecento miglia. A prima vista par cosa da scherzo; ma vi si troverà sotto sostanza, quando si penserà a quel tempo ch'è limitato nelle tragedie e commedie, e tuttavia si veggono talora personaggi passare da un paese ad un

altro lontanissimi in un momento senza ragione
veruna; onde pare che l' Autore voglia significare che
in sì breve tempo non possono trovarsi da questo a
quel luogo senza un mantice infernale che ne gli abbia
dietro soffiati.

Il secondo passo allegorico è il castello della maga
Creonta che tiene custodite le tre melarance. Questa
è l' ignoranza grossa dei primi popoli, che teneva
incarcerati e rinchiusi i tre generi di componimenti
da teatro, tragedia, commedia di carattere, e commedia
piacevole improvvisa. Il diletto e l' ingegno sono
figurati ne' due personaggi che trafugano le tre melarance. Le due donzelle uscite dalle due tagliate da
Truffaldino e morte di sete dinanzi a lui, significano
la tragedia e la commedia di carattere, le quali in
que' teatri, dove recita un buon Truffaldino, non
possono avere nutrimento, nè vita. La terza giovane
uscita dalla melarancia tagliata dal Tartaglia e da
lui tenuta in vita con l' acqua datale in una delle
scarpe di ferro, denota la commedia improvvisa,
sostenuta in vita dal socco de' recitanti piacevoli, il
qual socco sa ognuno ch' era la scarpa degli antichi
rappresentatori di commedie. Molte altre allegorie si
contengono nel portone di ferro che vuol essere unto,
nel cane che vuol pane, nella corda, nella fornaia, nelle
mutazioni della fanciulla in colomba e della colomba
in fanciulla; ma non è tempo, ne luogo qui da
descrivere ogni cosa minutamente. Solo non tacerò
che i due peritissimi attori, i quali rappresentarono il
Tartaglia e il Truffaldino e che quivi ebbero le parti
principali, mantennero all' improvviso una continua
vivacità e grazia in tutte le scene, assecondando
l' allegorico sentimento ch' è l' anima di tal qualità di

rappresentazioni. Chi tenesse, come fece l' Autore di questa commedia, bene in mente il detto di quell' antico filosofo: *ne quid nimis*, che noi diciamo: *ogni soverchio rompe il coperchio*, potrebbe aggiungere alla scena anche questo allegorico spettacolo che a noi manca, e che fu sino ad un certo segno la delizia del teatro di Atene e talora una delle più grate rappresentazioni di quello di Francia.